RECHERCHES

POUR SERVIR A

L'HISTOIRE DE LA SUEUR,

PAR LE DOCTEUR

GILLEBERT-D'HERCOURT.

Directeur de l'Etablissement hydrothérapique de Lyon.

LYON.

IMPRIMERIE D'AIMÉ VINGTRINIER,

Quai Saint-Antoine, 36.

—

1853.

RECHERCHES

POUR SERVIR

A L'HISTOIRE DE LA SUEUR.

En faisant l'éloge de Denis Dodart, et à propos des recherches de ce savant médecin sur la transpiration, Fontenelle disait : « Toute cette matière est encore pleine « d'incertitude, et si l'on pèse bien la difficulté de rassem- « bler autant de faits qu'il en faudrait selon les diffé- « rents âges, les tempéraments, les climats, les sai- « sons, etc., elle est si grande que c'est presque un sujet « de désespoir pour les physiciens. » En effet, cette diffi- culté est telle que Sanctorius et Dodart avaient déjà consa- cré à l'étude de la sueur plus de trente ans de leur vie sans avancer beaucoup la question. Eh bien ! quelques progrès que les sciences aient faits depuis l'époque où l'illustre aca- démicien s'exprimait ainsi, les fonctions de la peau sont en- core aujourd'hui un des points les plus obscurs de la phy- siologie. Je rappellerai, pour ne citer qu'une seule preuve de ce fait, que, suivant l'opinion la plus générale, la peau absorbe et exhale; que c'est même sous l'empire de cette croyance que les praticiens ont adopté certaines manières d'administrer les remèdes ; et que cependant quelques physiologistes seraient disposés à contester, au moins en partie, à l'enveloppe cutanée la faculté d'*absorber* ; tout récemment encore, on a pu voir M. Roche soutenir cette

4

thèse avec le talent qu'on lui connaît (v. *l'Union Médicale*, 1852).

On ne doit point s'attendre à trouver ici la solution d'une question d'aussi haute importance ; le rôle que j'ai pris est plus modeste. Je n'ai, d'ailleurs, étudié le problème que sous un de ses points de vue, celui de la transpiration.

Placé dans des conditions favorables pour en observer les phases diverses, j'ai d'abord cherché à vérifier les assertions des auteurs, et, guidé par l'espérance d'apporter aussi quelque lumière dans l'histoire de l'élimination cutanée, j'ai multiplié mes investigations autant qu'il m'a été possible de le faire. Si fréquemment elles n'ont fait que confirmer sur certains points ce qui avait été dit avant moi, elles ont eu quelquefois aussi pour résultat de redresser quelques erreurs ; et, à ce propos, j'espère que la critique que j'ai faite des opinions de plusieurs auteurs ne sera pas prise en mauvaise part, et qu'on la considérera volontiers comme l'expression de mon désir de faire triompher la vérité. Je sais, d'ailleurs, et je m'empresse de le reconnaître ouvertement, combien l'erreur est facile dans des recherches qui ont pour objet une fonction si obscure en soi, soumise à tant d'influences contraires, et dont les produits, qu'il est au reste fort difficile de recueillir, sont susceptibles de modifications infiniment variées. Je sais par mon exemple ce qu'il faut de temps, de patience et de soins pour se livrer à de semblables recherches et pour éviter l'erreur ; encore ne puis-je pas répondre que je n'en ai pas commis.

En effet, l'étude de la transpiration présente plusieurs genres de difficultés : d'une part, les produits de l'excrétion cutanée sont de nature très-variable et se présentent dans des états différents, les uns sont fixes, les autres volatils ; d'un autre côté, leur élimination étant répartie sur toute la surface du corps, et ne donnant en résultat pondérable qu'environ un gramme par minute, du moins pour la transpiration insensible (Séguin et Lavoisier), il devient sinon impossible au moins très-difficile d'en recueillir une quantité suffisante pour la livrer à une analyse chimique fructueuse. Bien plus, en supposant qu'on soit parvenu à obtenir cette quantité, soit, comme Séguin l'a fait sur lui-même, en renfermant le sujet de l'expérience dans un sac imperméable qui ne permettrait qu'à la bouche de communiquer avec l'extérieur, soit à l'exemple de MM. Scoutetten, Ferrand de Lyon et autres, en faisant transpirer dans des draps préalablement lavés à l'eau distillée et recouverts d'une enveloppe de taffetas ciré, soit enfin avec des éponges, comme a fait Anselmino, quel résultat en retirerait-on? Les analyses faites par Collard de Martigny, par Berzélius, Anselmino et M. Thénard, tout en constatant que la peau rejette des acides, des sels et quelques matières animales unis à beaucoup d'eau, nous ont-elles enseigné quelque chose sur le mécanisme et sur la marche de la transpiration? La composition chimique de la sueur devient une connaissance stérile, si nous ne savons rien au-delà, si nous ignorons, par exemple, si cette composition est toujours la même, et, dans le cas contraire, quelles sont les influences qui peuvent la modifier. Or, ce n'est pas seulement en ramassant une quantité plus ou moins grande de liquide et en agissant sur elle qu'on arrivera à acquérir cette autre connaissance, sans contredit plus utile que la première au point de vue physiologico-pathologique ; c'est plutôt en étudiant la transpiration dans toutes ses phases. Les recherches de M. Ch. Robin (*Annales des sciences nat.* 1845, t. iv, p. 380, et *Comptes-rendus de la Société de Biologie*, 1849, p. 77.), en confirmant des opinions déjà émises, ont démontré que la sueur est un liquide complexe, provenant de plusieurs sources. Eh bien ! ces sources versent-elles leur produit en même temps, agissent-elles sous les mêmes influences ? Là est la question importante; et l'on comprendra par exemple que le procédé mis en usage par Séguin, quoique très-propre à mesurer la somme de l'excrétion cutanée ou à fournir les éléments d'une analyse chimique, ne l'est plus à l'étude en question.

Il fallait donc suivre une autre voie; c'est ce que j'ai fait, en observant chaque jour et en surveillant la transpiration depuis son début jusqu'à sa fin. Mettant à profit les connaissances acquises et les analyses connues, j'ai cherché à constater, par des moyens simples, mais assurés, la présence de telle ou de telle autre matière dans les produits de l'excrétion cutanée, et je me suis appliqué à établir à quelles époques et sous quelles influences on peut les y rencontrer.

On ne devra pas être étonné de ne trouver dans ces recherches que peu de faits relatifs aux sueurs qui surviennent dans le cours des maladies aiguës; cette lacune est moins l'effet d'un oubli que la conséquence de ma position qui n'appelle près de moi que des malades atteints d'affections chroniques, et qui ne m'a pas permis de porter mes études sur une plus grande variété de sujets.

Enfin, je ne me dissimule pas que ce travail est fort incomplet; si je le publie aujourd'hui malgré ses imperfections, c'est avec la ferme résolution de poursuivre mes recherches aussi longtemps qu'il me sera possible de le faire, et avec l'espérance d'appeler sur ce sujet, si intéressant et si épineux, l'attention des autres observateurs.

§ 1.

Il résulte des analyses chimiques, qui sont dues à M. Thénard, à Berzélius et à Anselmino, que la sueur contient beaucoup d'eau, une petite quantité d'acide acétique, ou lactique, suivant Berzélius, de l'acétate de soude, des chlorures de potassium et de sodium, du phosphate de chaux, des traces d'oxide de fer, du sel ammoniac

(Berzélius), de l'osmazôme (Anselmino) et une matière animale insoluble dans l'alcool. Dans des recherches récemment communiquées à l'Académie des sciences (séance du 15 novembre 1852), M. Favre dit avoir rencontré sur 10,000 grammes de sueur, 0 gr. 428 centig. d'urée. Ce ne serait pas la première fois que pareille découverte aurait été faite ; on verra plus loin ce qu'il est permis d'en penser.

Les physiologistes envisageant la question à un point de vue moins élémentaire, distinguent dans les produits fixes de l'excrétion cutanée : 1° une matière oléo-albumineuse, qu'ils ont appelée smegma (sebum cutaneum), et 2° un liquide aqueux, tenant en dissolution des sels et pouvant donner lieu à des réactions, toujours acides suivant les uns, quelquefois alcalines suivant les autres.

Le smegma est ce liquide qui lubrifie l'épiderme de l'homme, lui donne un aspect luisant, et qui empêche l'eau de se répandre uniformément à sa surface (Burdach). Il paraît plus abondant chez les personnes brunes et dont la peau est épaisse ; on le rencontre généralement sur toute la surface du corps, mais plus spécialement sur les parties où l'on compte plus de follicules sébacés. Cruickshank, qui le premier signala et recueillit cette matière qu'il considérait comme étant de l'huile, ne put en indiquer l'origine. De Blainville supposa que ce n'était que de la graisse transsudée ; mais cette opinion ne peut être admise puisque le smegma se rencontre sur des points de la peau où il n'y a point de graisse, et que parfois il est très-abondant chez des personnes maigres. Müller pense que les follicules sébacés sont spécialement chargés de le sécréter ; Burdach, au contraire, admettait que la peau possède par elle-même cette faculté ; il ne supposait pas qu'elle appartînt aux follicules qui, disait-il, n'existent pas partout, tandis que partout on trouve le smegma. Gurtl, en démontrant que les glandes sébacées existent dans toutes les parties du corps, à l'exception du creux des mains et de la plante des pieds, semblerait avoir résolu la question au profit des follicules.

Le smegma peut être obtenu en frottant sur la peau du papier Joseph qui se couvre alors d'une tache de graisse. C'est le procédé que j'ai employé pour le recueillir. Trituré avec de l'eau, il donne une émulsion ; il ne fond point à la chaleur comme la graisse, mais, à la manière de l'albumine, il se boursoufle, il brûle en répandant une odeur de corne, et il laisse beaucoup de charbon (Burdach).

Quelques auteurs font une distinction entre la matière sébacée et le smegma cutané (Béclard. *Anatomie génér.*, page 269, § 315 et 316) ; ils considèrent ce dernier comme le produit d'une simple excrétion de la peau, tandis que la matière sébacée serait, suivant eux, sécrétée par les follicules de ce nom. Cette distinction qui, au reste, n'est pas admise par tous les auteurs, ne me paraît pas fondée ; en effet, j'ai trouvé des caractères communs à l'une et à l'autre, et je les ai vus se répandre sur la surface du corps sous les mêmes influences ; je crois donc pouvoir dire, sans préjuger la question de leur origine, que le smegma et la matière sébacée ne constituent qu'un seul et même produit, dont la consistance seulement varie, suivant qu'on l'observe à la surface de la peau ou dans l'intérieur des follicules qui, suivant l'expression de Burdach, le perfectionnent sans doute ou le concentrent. A mes yeux donc la matière sébacée ne serait que du smegma concréfié. Ce qui m'affermit dans cette opinion, c'est que dans toutes les circonstances où j'ai observé la sueur, le smegma et la matière sébacée se sont comportés de la même manière.

La présence d'un ou de plusieurs acides libres dans la matière de la transpiration a été constatée par tous les chimistes qui en ont fait l'analyse ; un seul point divise les auteurs à cet égard, c'est le nom de l'acide ; suivant Cruickshank, ce serait de l'acide carbonique ; suivant Berthollet, de l'acide phosphorique ; d'après Berzélius et Anselmino, de l'acide lactique, et d'après M. Thénard, de l'acide acétique. Suivant M. Favre, l'acidité de la sueur serait due à un acide nouveau qu'il appelle *hydrotique*.

Je ne fais qu'indiquer ce désaccord des chimistes sans m'y arrêter davantage.

§ 11.

Les matières dont il vient d'être question, enduit cutané et acides, ne se rencontrent pas toujours dans les mêmes proportions dans le produit de la transpiration. Assez notables au début de la sueur, ils le sont de moins en moins au fur et à mesure que celle-ci devient plus abondante et qu'elle est plus prolongée. Ainsi, quand la sueur va paraître, quand la peau est seulement onctueuse au toucher, et qu'on ne voit à peine à sa surface que des petits points brillants qui en occupent les enfoncements, si on absorbe le vernis cutané avec du papier Joseph, celui-ci prend une tache transparente comme celle que produisent les corps gras ; si l'expérience est faite avec du papier de tournesol, outre la tache transparente, on remarque une réaction acide plus ou moins vive. Mais si on renouvelle la même expérience plus tard, et quand la sueur est assez forte pour être réunie en gouttelettes à la surface de la peau, on ne voit plus se produire la tache de graisse, et la réaction, si elle existe encore, est beaucoup moins prononcée.

Ce fait s'étant constamment reproduit sous mes yeux, j'ai dû en rechercher la cause. Par exemple pour le smegma, je me suis demandé si ce résultat négatif ne tenait pas à une différence de densité des deux liquides ; en effet, l'un d'eux, à raison de sa viscosité, pouvait adhérer à la surface de la peau, tandis que la liqueur diffluente de la sueur, amassée en gouttelettes, recouvrait sans doute le smegma, et, imprégnant d'abord mon papier, elle empêchait celui-ci d'absorber la matière grasse qui était au-dessous, et conséquemment s'opposait ainsi à la production de la tache. Dans ce cas, il n'y aurait pas eu arrêt de sécrétion, la présence de la matière grasse n'aurait été que masquée par l'autre liquide. Pour savoir à quoi m'en tenir à cet égard, voici ce que je faisais : j'absorbais les gouttes de sueur qui couvraient une partie du front, par exemple, puis je frottais sur cette même partie un morceau de papier Joseph : la tache ne se produisait pas ; et cependant un autre fragment de même papier, frotté antérieurement et au début de la sueur, sur la même partie, avait pris une tache transparente. L'émulsion du smegma avec la partie aqueuse de la sueur pouvait encore contribuer à soustraire ce principe à mes recherches ; afin de résoudre la question, j'ai absorbé avec un papier Joseph une certaine quantité de sueur, et je l'ai ensuite soumise à une douce chaleur pour faciliter l'évaporation de la partie aqueuse ; amené à une dessication convenable, ce papier n'a décélé aucune trace de corps gras. Il faut donc en conclure que la sécrétion de l'enduit cutané est suspendue à une certaine époque de la transpiration, et que cette époque est celle où l'exhalation aqueuse devient plus active.

Une conclusion à peu près semblable doit être prise à l'égard de l'acide libre de la sueur, dont la présence s'efface en raison de l'accroissement de l'exhalation aqueuse ; il arrive même un moment où il n'en reste pas de traces, et où le liquide éprouvé ne donne plus aucune réaction acide. M. Andral, qui avait déjà fait cette remarque, avait attribué ce fait à deux causes : soit à une sécrétion de sueur plus abondante que de coutume, soit à l'introduction accidentelle d'une grande quantité d'eau dans l'économie (*Recherches sur l'état d'acidité ou d'alcalinité de quelques liquides du corps humain dans l'état de santé et de maladie. Compte-rendu de l'Académie des sciences*, 19 juin 1848). Assurément, l'ingestion d'une grande quantité d'eau ne peut pas être indifférente à la production de ce phénomène, cependant elle n'a qu'une médiocre influence sur lui, car je l'ai observé dans les circonstances les plus diverses, chez des malades comme chez des sujets bien portants; chez des personnes qui faisaient le traitement hydrothérapique et chez d'autres qui ne le suivaient pas; les uns ayant bu de l'eau, les autres n'en ayant pas bu. C'est pourquoi je considère l'affaiblissement de la réaction acide ou son absence dans les sueurs abondantes, comme un phénomène lié à l'acte même de la transpiration. Mais que devient cet acide? serait-il employé à la saturation de quelques oxydes, ou bien son élimination cesserait-elle aussitôt que l'abondance et la durée de la sueur dépassent certaines limites? cette dernière hypothèse me paraît la plus vraisemblable; elle est plus conforme aux faits observés, et elle s'applique également bien à la disparition du smegma, avec lequel l'acide libre de la sueur me semble avoir plusieurs points de contact. C'est d'ailleurs à peu près ainsi que M. Andral explique le même phénomène. « L'accroissement de la perspiration cutanée « a pour effet, dit-il, d'enlever au sang proportionnelle- « ment plus d'eau que d'autres principes. »

Les sueurs poussées avec activité, c'est-à-dire celles qui résultent d'un exercice violent ou celles qui sont provoquées par l'application extérieure d'une vive chaleur, toutes choses égales d'ailleurs, m'ont paru, plutôt que celles qui sont moins actives, cesser de donner des traces de réaction acide ou de smegma.

Pour constater la présence des sels dans le liquide de la transpiration, nous manquons de moyens certains, ayant la simplicité de ceux que nous pouvons employer pour y reconnaître celle du smegma ou des acides libres. Le goût est celui auquel j'ai eu recours pour me livrer à cette appréciation; or, j'ai remarqué que la saveur salée persiste encore à un degré assez notable dans des sueurs très-prolongées. Je n'ai rencontré de sueurs insipides que dans des cas très-rares, par exemple, chez un malade habituellement atteint de sueurs profuses et survenant régulièrement toutes les fois qu'il prenait ses repas, et dans les cas où la transpiration était provoquée par le bain d'air chaud. J'ai remarqué au contraire que, dans l'enveloppement hydrothérapique, la saveur salée, quoique moins prononcée qu'au début de la sueur, existe encore à un degré assez notable à la fin de la sudation. J'ai cru trouver la raison de cette différence en m'aidant de l'application d'un fait analogue qui a été signalé par M. Alf. Becquerel, à propos de l'influence qu'exerce sur la sécrétion de l'urine l'introduction dans l'économie d'une quantité anormale d'eau.

On avait cru jusque là que les reins, semblables à de simples filtres, laissaient passer l'eau en excès sans que la quantité des matières dont la dissolution dans l'eau constitue l'urine en fût augmentée ; M. Becquerel a démontré par ses travaux *(Séméiotique des urines*, page 177–178) que le contraire a lieu, et que dans cette circonstance les reins sécrétent une quantité plus considérable d'éléments chimiques. Par exemple, il a vu que le chiffre de la quantité de matières autres que l'eau, sécrétées en 24 heures, pouvait s'élever de 33 g. 853 à 37 g. 209 sous la seule influence de l'ingestion d'un litre d'eau de plus ; que, pour un litre et demi de plus, ce chiffre s'est élevé à 42 g. 688, et pour 2 litres de plus, à 43 g. 876.

Faisant à l'élimination cutanée l'application de ce fait, je dis que la persistance de la saveur salée dans les sueurs abondantes, provoquées par l'enveloppement hydrothérapique, est le résultat de la lixiviation opérée par l'eau qu'on fait boire aux baigneurs pendant cette opération ; que si le même phénomène ne se produit pas dans d'autres circonstances, par exemple, quand la sueur a été provoquée par le bain d'air chaud, c'est qu'alors l'opération est menée beaucoup trop vîte et qu'elle ne détermine dans ce cas qu'une simple évaporation, à peu près semblable à celle qui aurait lieu à la surface d'un corps inanimé. Au contraire, l'enveloppement n'agissant qu'avec lenteur laisse à l'eau tout le temps nécessaire pour qu'en parcourant nos organes elle dissolve et entraîne une plus grande quantité de sels ; c'est pourquoi leur proportion ne paraît pas sensiblement diminuée dans les sueurs provoquées par la sudation hydrothérapique, et c'est une des raisons qui doivent faire préférer ce procédé à tous ceux qui ont pour effet de trop précipiter la transpiration.

Mais quelle que soit la quantité de matières salines entraînées par la sueur, elle n'est pas assez grande pour conserver à ce liquide son premier degré de densité, c'est-à-dire celui qu'il présente quand il contient encore le smegma et qu'il donne une réaction fortement acide. La légère élévation de la proportion des sels peut d'autant moins compenser sous ce rapport l'absence des premiers produits que la quantité d'eau est, d'ailleurs, relativement plus forte. Il résulte de là que la composition du produit de la transpiration est d'autant plus complexe qu'on l'examine à une époque plus rapprochée de son début. Elle paraît comprendre d'abord, mais en plus grande quantité, toutes les matières excrétées par la transpiration insensible ; plus tard, ce n'est plus qu'une simple exhalation aqueuse, tenant quelques sels en dissolution, et dans laquelle toute trace de matières organiques paraît faire défaut. Telle serait à mes yeux la nature de la différence qui existe entre la transpiration insensible et la sueur ; différence qui, comme on le voit, ne serait pas une simple affaire de quantité, comme l'ont prétendu à l'envi l'un de l'autre MM. Baldou et Vidart.

Cet affaiblissement, progressif en quelque sorte, de la densité de la sueur, ne saurait être indiqué par l'aréomètre : cet instrument ne pourrait constater que la densité d'une masse donnée de liquide où se trouveraient mélangés tous les produits excrétés durant un certain temps par la peau ; il ne pourrait déceler les diverses nuances de cette excrétion. Il est possible cependant de constater les variations de la densité de la sueur dans le cours d'une même transpiration. Qu'on pose le doigt sur la peau d'un baigneur qui commence à suer, on éprouvera la sensation que donne un liquide plus ou moins épais et visqueux ; on y découvrira en outre une certaine astringence ; les extrémités des doigts qui en seront imprégnés glisseront difficilement l'une sur l'autre : qu'on renouvelle l'épreuve à la fin de la sudation, on ne retrouvera plus aucun de ces caractères ; on n'aura d'autre impression que celle qui est produite par l'eau ordinaire.

La conséquence des faits qui précèdent est que la sueur n'est jamais plus dense ni plus acide que dans les débuts de la transpiration, et que la diffluence qu'elle présente à une certaine époque, tient à ce que l'excrétion du smegma et des produits acides a cessé de se faire.

§ III.

Y a–t–il des sueurs alcalines ? Quelques médecins ont affirmé que la sueur pouvait devenir alcaline durant certaines maladies. Nauche, entr'autres, a dit qu'il l'avait trouvée alcaline dans quelques affections nerveuses. Suivant M. L'héritier, on aurait vu la sueur devenir alcaline et prendre un caractère tout à fait ammoniacal pendant le cours de quelques maladies nerveuses, de certaines fièvres et d'un accès de goutte (*Traité de chimie pathologique*, page 606). Dans la note que j'ai déjà citée, M. Favre dit : « qu'ayant eu le soin de fractionner la sueur recueillie, il a pu constater que sur deux litres, par exemple, le premier tiers est toujours acide, le second neutre ou alcalin, le troisième constamment alcalin. » D'autres ont avancé que la sueur à l'état physiologique n'est pas acide sur tous les points du corps, et qu'à la surface de la peau, comme à celle des membranes muqueuses, sont excrétés en même temps des liquides qui présentent des réactions différentes. « On sait que la sueur est acide, dit M. Donné, mais il n'est pas exact de dire qu'elle soit acide partout et sur tous les points du corps ; elle est au contraire alcaline en quelques endroits , tels qu'au creux des aisselles , autour des parties génitales et entre les orteils; dans les points en un mot où la sueur est particulièrement odorante , elle ramène au bleu le papier de tournesol préalablement rougi. C'est peut-être à son mélange avec le produit de sécrétion des follicules existant dans ces parties que la sueur doit cette propriété (*Cours de microscopie*, p. 206). » M. Baldou dit , sans autres commentaires , que la sueur est tantôt acide et tantôt alcaline (*Instruction pratique sur l'hydrothérapie*, page 44). MM. Lubanski, Vidart et Fleury ne paraissent pas avoir étudié la question sous ce point de vue.

Dans le travail que j'ai déjà cité, M. Andral dit qu'il n'a pas rencontré de sueur alcaline. « Quelles que soient les conditions de santé ou de maladie dans lesquelles j'aie examiné la sueur, dit-il, je l'ai trouvée le plus ordinairement acide, quelquefois neutre et *jamais alcaline*. » Toutefois l'honorable professeur fait remarquer « qu'à la plupart des surfaces extérieures ou intérieures du corps arrivent à la fois plusieurs liquides qui ont le plus souvent des réactions différentes , de telle sorte que, si l'on n'était averti de cette circonstance, on pourrait se méprendre, en attribuant à un changement de réaction de l'un de ces liquides ce qui dépend uniquement de la prédominance accidentelle de l'autre..... Ainsi, ajoute-t-il, la peau secrète deux matières de réaction différente : l'une acide, c'est la sueur ; l'autre alcaline, c'est la matière sébacée. » On le voit, tout en niant l'existence des sueurs alcalines, M. Andral partage les idées de M. Donné sur la possibilité de rencontrer des réactions acides ou alcalines , suivant qu'on soumettra à l'examen tel ou tel produit de l'excrétion cutanée. C'est une grave et imposante autorité qui vient corroborer l'opinion d'un savant, dont l'habileté en expérimentation est bien connue ; aussi n'est-ce qu'avec la plus grande réserve, et en m'appuyant sur un nombre considérable de faits que je me permets d'annoncer un résultat différent. Mais, avant tout, je dois rappeler que M. Scoutetten avait déjà mis en doute le fait avancé par M. Donné. « Dans ces sortes de recherches, dit-il, il faut avoir soin de se mettre en garde contre les altérations *promptes* que la sueur est susceptible d'éprouver par le seul contact de l'air atmosphérique. (*De l'eau sous le rapport hygiénique et médical*, p. 508.) » C'est sans doute à cette influence qu'il faut attribuer la présence de l'ammoniaque dans la sueur recueillie par Deyeux et Parmentier, sur des sujets atteints de fièvre typhoïde. C'est probablement encore à la même cause qu'est dû l'état alcalin observé par M. Favre dans le liquide rendu à la fin de la transpiration. L'alcalisation de ce dernier produit de la sueur doit être en effet d'autant plus prompte que, suivant ce qui a été dit plus haut, il ne doit plus contenir d'acide libre. Il est bon de remarquer au reste que, dans ma manière d'opérer, l'influence du contact de l'air était nulle, puisque j'examinais la sueur à son origine, et que je ne la recueillais pas en masse comme ont fait les autres observateurs.

D'un autre côté, M. Ch. Robin contredit formellement, dans le passage suivant, l'assertion de M. Donné relative à l'alcalinité de la sueur de l'aisselle. « Leurs fonctions (des glandes glomérulées) diffèrent en ce que la *sueur de l'aisselle est plus acide* que dans les autres régions du corps, et a une odeur beaucoup plus prononcée, acidité portée au point, chez quelques personnes, que les tissus en contact avec cette partie en sont rapidement altérés, ce qui a été attribué à l'acide phosphorique de la sueur. » (*Annales des sciences naturelles*, t. IV, 1845.)

Le nombre de mes observations s'élève jusqu'à ce jour, 10 novembre 1852, à 547 ; elles ont eu pour sujets 65 personnes de l'un et de l'autre sexe, dont cinq seulement étaient en bonne santé; les autres étaient malades. Je n'ai fait aucun choix dans les sujets de mes expériences; j'ai agi sur ceux que le hasard m'offrait à une époque où il m'était possible de me livrer à ce genre de travail aussi long que minutieux. Le nombre et le genre des maladies dont ils étaient atteints peuvent être répartis ainsi qu'il suit :

Syphilis (acc. tertiaires).	1	Ophtalmie chronique.	1
Rhumatisme chronique.	13	hydarthrose des genoux.	1
Goutte.	5	Congestion cérébrale.	2
Psoriasis.	1	Ramollissement du cerveau.	2
Longue convalesc. (fièv. thyph.)	2	Congestion de la moëlle et myé-	
Fièvre intermittente.	2	lite chronique.	4
Névralgies.	3	Paralysie hémiplégique.	1
Gastralgie et entéralgie.	6	Maladie du foie (ictère).	1
Dyspepsie.	4	Engorgement de la matrice.	2
Cancer de la langue.	1	Albuminurie.	1
Engorgement squirrheux des		Coxalgie.	1
glandes du cou.	1	Acné.	2
Lupus des seins.	1		
hypochondrie.	2	Report.	32
	32	Total général (1).	60

Dans tous mes essais je me suis servi de fragments de papier de tournesol ou de curcuma, que j'appliquais ou que je promenais, en les frottant plus ou moins , sur les

---

(1) Des recherches plus récentes, exécutées à l'Antiquaille et à l'Hôtel-Dieu de Lyon, dans les services de MM. Teissier et Potton, et avec l'assistance de MM, Doyon et Petit, chirurgiens-internes , ont pleinement confirmé les résultats obtenus par les premières. J'ai pu expérimenter alors sur des malades atteints d'affections plus diverses, qui ne figurent pas dans le tableau ci-dessus et qui appartiennent pour la plupart à la classe des maladies aiguës. Je citerai particulière-ment la fièvre typhoïde, la pneumonie, la pleurésie, l'angine, la rou-geole, le rhumatisme articulaire aigu, la phthisie, le tabès dorsalis, la métrite chronique, la chlorose, l'ectbyma, l'eczéma général ou partiel, l'impétigo, la gàle : en tout 40 nouveaux sujets; ce qui en porte le nombre total à 105.

2

parties dont je voulais éprouver la sueur ; par exemple, sur le front, les sourcils, les tempes, les côtés et les ailes du nez, les joues, la lèvre supérieure, le devant de la poitrine, le creux des aisselles, le ventre, les aines, le pli de la cuisse, les mains, les pieds et les orteils. Je suis donc autorisé à dire que j'ai exploré toutes les parties de la surface du corps où, suivant l'opinion de MM. Andral et Donné, les divers produits de la transpiration peuvent offrir des réactions contraires. J'ajoute que mes épreuves étant généralement faites sur deux points différents du même sujet, et ayant été souvent renouvelées plusieurs fois dans le cours d'une même sudation, il était difficile que les plus légères modifications dans la nature de la sueur échappassent à mon attention. Eh bien ! je n'ai pas rencontré de sueur donnant une réaction alcaline. Comme M. Andral, j'ai constaté dans l'immense majorité des cas l'état acide, très-rarement l'état neutre, jamais l'état alcalin. Le degré d'acidité s'est montré variable, il est vrai, chez les différents sujets ; mais, forte ou faible, l'acidité était à peu près constante au début de la sueur, et ce n'était que par le développement progressif de la transpiration qu'elle allait en s'affaiblissant graduellement et de manière à disparaître tout-à-fait à la fin de l'opération. Il ne faudrait donc pas dire avec M. Scoutetten, « que la liqueur de la transpiration a toujours montré une réaction acide au moment de sa production. » Cela ne serait vrai que pour les débuts de la transpiration.

Un seul sujet sur soixante m'a présenté constamment des sueurs neutres au début comme à la fin de la sudation ; c'était un confrère de Saint-Étienne, le docteur R....., qui était atteint de gastralgie. A l'exception d'une légère odeur fade et d'une saveur très-légèrement salée, la sueur de ce malade n'offrait d'autres caractères que ceux de l'eau ordinaire.

En raison de l'absence d'acide libre dans cette sueur, je pouvais à bon droit espérer y rencontrer à certain moment une réaction alcaline ; mais quelques soins que j'aie pris à cet égard je n'y ai découvert aucune trace d'alcali libre.

Naturellement j'ai dû me préoccuper de l'étrange opposition qui existe entre le résultat de mes recherches et l'opinion de MM. Donné et Andral. Mes essais ayant habituellement lieu pendant l'excitation des sueurs par l'enveloppement hydrothérapique, je me suis demandé si dans cette circonstance le liquide acide de la sueur ne dominait pas par son abondance la réaction des autres produits supposés alcalins, par exemple, celle de la matière sébacée. J'étais autorisé à faire cette supposition par l'observation que j'ai relatée plus haut, savoir, que la matière grasse disparaît d'entre les produits divers de l'excrétion cutanée, quand celle-ci a acquis une trop grande activité, c'est-à-dire, quand elle est passée à l'état de liquide aqueux et neutre. En conséquence j'ai placé, durant un temps variable, soit pendant la nuit, soit à d'autres heures où le corps était en repos, des fragments de papier de tournesol, sur des points où les follicules sébacés abondent et où, suivant M. Donné, la réaction alcaline est susceptible de se produire. Nulle part et dans aucune circonstance que ce soit je n'ai obtenu de réaction alcaline, tandis que la réaction acide était souvent très prononcée. Non content de cela, j'ai recueilli isolément de la matière sébacée, en pressant les follicules qui la renferment ; déposée et écrasée sur du papier de tournesol, elle a constamment donné une réaction acide.

Ici se place naturellement l'observation d'un fait qui m'a paru également constant, et que j'ai déjà laissé pressentir ; c'est la coïncidence d'une réaction acide avec la présence de la tache grasse. Je puis même affirmer que, toutes les fois que cette dernière paraissait, la réaction acide semblait être d'autant plus forte, et que les points abondamment pourvus de follicules sébacés, toutes choses égales d'ailleurs, coloraient le papier en rouge plus vif que ne le faisaient les autres où ces follicules n'existent pas ou sont moins nombreux. Je n'hésite pas à attribuer cet effet à l'action de la matière sébacée, et je considère en conséquence l'absence du smegma dans les sueurs abondantes comme une des premières causes de l'affaiblissement de la réaction acide dans le liquide de la transpiration.

La matière sébacée serait donc acide? D'où vient que quelques auteurs prétendent qu'elle est alcaline? Si on considère combien de causes agissent sur les produits de l'excrétion cutanée, et tendent à en déterminer la putréfaction, on s'expliquera la cause de ce que je crois être une erreur. La matière sébacée, en tant que produit organique, tend à la fermentation putride, toutes les fois qu'expulsée des conduits qui la perfectionnent ou la concentrent, pour me servir de l'expression de Burdach, elle reste exposée, à la surface de la peau, aux différentes causes de fermentation qui agissent sur elle; de là production d'ammoniaque, de là réaction alcaline. Cette altération de la matière sébacée n'exige pas sans doute un temps bien long, et l'un des plus précieux effets de la propreté est probablement de l'éviter. C'est, du moins, ce que je dois supposer puisque, quelques soins que j'aie pris, je ne suis pas parvenu à rencontrer une réaction alcaline chez aucun de mes baigneurs, tandis que ce fait est admis par d'autres observateurs. La différence qui existe entre nos résultats pourrait donc tenir uniquement à l'état de propreté constante dans lequel le traitement hydrothérapique entretient la peau.

J'ai à présenter encore sur ce sujet quelques considérations qui découlent des faits qui précèdent. C'est sans doute plutôt par analogie que par l'observation directe des faits que l'on a été conduit à dire que, comme les muqueuses, la peau excrétait des liquides à réactions différentes. Ici, l'analogie n'est pas parfaitement exacte : par exemple la salive, liquide alcalin, qui vient de temps en temps se mêler au mucus buccal, découle d'appareils spéciaux, situés plus ou moins loin des glandes mucipares, et ayant des conduits particuliers pour verser *intact* le produit d'ailleurs très-abondant de leur secrétion ; celle-ci, au reste, remplit un rôle spécial après son excrétion ; pour cette raison elle peut être classée au nombre des produits récrémentitiels. A la peau, au contraire, les différents produits de la transpiration semblent s'échapper par les mêmes orifices ; le contact qui se fait nécessairement entre eux avant leur excrétion commune, devrait déterminer leur neutralisation s'ils étaient de nature contraire, et s'opposerait ainsi à ce que l'on connût leur état primitif d'acidité ou d'alcalinité ; toutes les matières de la transpiration appartiennent aux produits excrémentiels ; enfin, la surface cutanée ne paraît pas être la voie d'écoulement des produits alcalins, l'exhalation qui s'y fait semble plutôt être destinée à l'élimination des matières acides. En soutenant cette opinion, dans son traité sur la goutte, où il ne mentionne aucune réaction alcaline de la sueur, mais seulement un affaiblissement de son acidité, M. Turck me semble avoir mille fois raison.

§ IV.

Chez un sujet qui commence à transpirer, si on applique bien exactement sur la peau du front, du nez ou du cou (l'occasion m'a manqué jusqu'ici de faire cette épreuve sur d'autres parties) un fragment de papier bleu de tournesol, il se tache bientôt de petits points blancs, apparents seulement du côté qui a touché la peau ou occupant les deux faces du papier si le contact a été assez prolongé. Il ne semble pas qu'aucun liquide ait imprégné ce papier qui, malgré le nombre et la condensation des points blancs, n'est pas humide, quoique cependant il ait perdu durant cette application sa siccité première. En examinant attentivement ces points blancs, on remarque qu'ils sont produits par l'absence de la teinte bleue, et que sur ces parties le papier a repris sa couleur blanche primitive. La véritable cause de ce phénomène, qui ne m'est pas encore connue, ne peut être expliquée suivant moi que de deux manières : ou par le déplacement de la couleur, ou par la destruction de celle-ci. On comprend le déplacement de la couleur s'opérant en vertu de l'imbibition lente du papier par un liquide qui se substitue à la matière colorante, et qui étant lui-même incolore rend au papier sa couleur première. C'est ce que j'ai observé quand je faisais l'expérience dans un moment où la transpiration était très-active ; le papier s'imprégnant par ses bords, la matière colorante se trouvait bientôt reléguée vers les parties moyennes, qui prenaient alors une teinte bleue plus foncée ; les autres au contraire redevenaient blanches ou à peu près, et entre celles-ci et les premières on voyait une ligne de démarcation où la couleur bleue était plus intense que partout ailleurs. Mais, dans le fait en question, les choses ne se passent pas ainsi ; la couleur bleue disparaît sans l'intervention sensible d'un liquide, et si on examine les points blancs à l'aide de la loupe, c'est à peine si on en trouve quelques-uns parmi les plus grands qui sont entourés d'une légère auréole bleue un peu plus foncée que le reste. La couleur du tournesol serait-elle donc détruite? Mais quel serait l'agent de cette décoloration? J'avais cru d'abord devoir attribuer celle-ci à la décomposition d'un sulfure ou d'un chlorure, faisant partie de l'exhalation cutanée. De nouvelles recherches me conduisent à penser que telle n'est pas la cause du phénomène ; cependant je ne peux croire qu'il soit entièrement dû au déplacement de la couleur, puisque, ayant laissé durant 24 heures sur différents points de la peau, des fragments de papier bleu, dont j'avais assuré le maintien à l'aide d'un emplâtre de diapalme, j'en ai retrouvé un certain nombre qui étaient complètement décolorés, sans que les points voisins offrissent quelque vestige de la teinte bleue.

J'avoue donc que je ne suis pas en mesure de décider la question; il n'y a pas assez longtemps que ce fait s'est produit pour la première fois sous mes yeux pour qu'il m'ait été possible de l'étudier suffisamment; ce que je me propose de faire à la saison prochaine. Toutefois, je n'abandonnerai pas ce sujet sans faire connaître quelques observations qui lui sont relatives.

Pour vérifier si les points blancs étaient dus à une autre cause qu'au déplacement ou à la destruction de la couleur bleue, j'ai fait arriver des vapeurs acides sur un papier tacheté de points blancs; la réaction acide s'est produite partout si ce n'est sur ces points qui sont restés blancs. Le résultat a été également négatif avec les vapeurs ammoniacales.

La production de ces points blancs n'a lieu que lorsque l'application du fragment de papier est très exacte, c'est-à-dire, quand la peau qu'il recouvre est complètement privée du contact de l'air. En effet, quand les parties moyennes du papier sont parsemées de taches blanches, sans aucune trace de réaction acide, on voit quelquefois cette réaction paraître sur certaines parties des bords du papier, où la privation du contact de l'air est nécessairement moins complète. L'influence de ce contact sur la production ou la non production du phénomène peut encore être prouvée de la manière suivante : étant donnée une partie de la surface de la peau, déjà couverte de gouttelettes de sueur produisant une réaction acide, essuyez cette partie de manière à en faire disparaître toutes les traces de sueur, puis appliquez-y très-exactement un fragment de papier de tournesol; les points blancs se produiront bientôt sans aucune trace de réaction acide, et la partie de la peau où vous aurez fait cette expérience vous paraîtra complètement sèche. Laissez passer quelques instants ; la sueur reparaîtra, des gouttelettes se formeront de nouveau ; absorbez-en le liquide, en frottant sur la même partie un nouveau papier de tournesol , et vous verrez la réaction acide se reproduire. Si celle-ci manquait à cette dernière épreuve , la cause en pourrait être due au temps qu'on aurait laissé écouler entre celle-ci et la première, et pendant lequel l'exhalation aqueuse serait passée généralement à l'état neutre ; c'est une circonstance dont on doit tenir compte.

Avant qu'une observation plus étendue ait permis de mieux connaître et d'apprécier ce fait, il serait sans doute prématuré de vouloir en tirer une conséquence quelconque ; toutefois, il est permis déjà d'en inférer ceci : ou certains produits de l'excrétion cutanée, par exemple, le phosphate de chaux, ne deviennent acides que par l'effet du contact de l'air , ou la privation complète de ce contact modifie la nature de cette excrétion en suspendant l'élimination des matières acides.

Quoiqu'il en soit, on peut déjà entrevoir la connexité du fait en question avec les résultats qu'ont obtenus MM. Magendie, Fourcault et Robert-Latour, en appliquant sur la peau des vernis imperméables. Ne se pourrait-il pas que les applications de cette nature ne réussissent si bien à éteindre les inflammations superficielles ou profondes de la peau qu'en suspendant l'élimination des produits acides ou qui, du moins, sont susceptibles de s'acidifier au contact de l'air ? Ne serait-ce pas pour la même raison que la pommade ou la solution de nitrate d'argent, appliquées sur l'épiderme qu'elles réduisent à l'état de couche imperméable, se montrent si efficaces dans le traitement de l'érysipèle ? L'inflammation des surfaces cutanées, sur lesquelles s'écoulent les larmes ou le mucus nasal dans les cas d'ophtalmie ou de coryza, me paraît apporter une nouvelle valeur à cette hypothèse, en établissant d'une manière péremptoire l'influence des sécrétions acides sur la peau. J'ajouterai comme preuve à l'appui de ma supposition, que chez un malade, atteint d'*acné rosacea*, la sueur recueillie sur les parties malades était plus acide que celle qui provenait des parties saines, et que néanmoins des fragments de papier, appliqués comme il a été dit plus haut, se recouvraient de points blancs. Je dois noter aussi que le même sujet avait remarqué que tous les moyens, qui abritaient les parties malades du contact de l'air, tendaient à diminuer l'inflammation dont elles étaient atteintes.

§ V.

La recherche de la quantité de transpiration insensible que le corps de l'homme peut exhaler en 24 heures, a beaucoup occupé les physiologistes des siècles précédents. On connaît les patientes et pénibles épreuves auxquelles se sont condamnés, dans ce but, Sanctorius, Rye, Gorter, Hartmann, Dodart, Boissier, Keil, Lining, Martins, Starck, Dalton, Lavoisier et Séguin ; mais on sait aussi combien, du chiffre le plus élevé, 5 *livres*, annoncé par Sanctorius, au chiffre le plus bas, 33 *onces*, qui est celui de Dodart et de Boissier, les résultats obtenus par ces laborieux expérimentateurs sont différents entre eux. Au milieu de ce conflit d'opinions et de chiffres dissemblables, on en serait réduit à déplorer la stérilité de ce grand zèle, si les expériences de Séguin, faites avec beaucoup plus de méthode et dirigées par une science plus étendue, n'appelaient pas à elles la confiance des physiologistes. D'ailleurs, ainsi que le fait remarquer Burdach, elles tiennent le milieu entre celles de Lining et de Starck, qui méritent également une certaine confiance. On peut donc adopter, comme se rapprochant le plus de la vérité, les résultats indiqués par Séguin ; or, il a constaté que la quantité de transpiration rejetée en une minute variait de 11 à 32 grains, soit 18 grains en moyenne par minute ; soit, pour 24 heures, 47,09 onces se divisant ainsi : 18,31 onces provenant de l'exhalation pulmonaire, et 28,78 onces rejetées par l'exhalation cutanée. Quant au rapport entre le poids du corps et la quantité de transpiration, Séguin l'a indiqué comme 1 : 54 pour un poids du corps de 160 livres, et comme 1 : 57 pour un autre de 170 livres (Burdach, t. VII, p. 355) ; ce qui revient à dire qu'un corps pesant 160 livres peut perdre par la transpiration 1/54e de son poids, et qu'un autre pesant 170 livres pourra en perdre 1/57e.

La quantité de transpiration insensible étant connue, il restait à savoir quelle est celle de la sueur ; cette connaissance pouvant aider à l'application méthodique et raisonnée des différents moyens destinés à provoquer les sueurs : mais les difficultés que l'on rencontre à recueillir les produits de l'excrétion cutanée ont sans doute découragé les observateurs. Cette recherche n'a pas été faite. On avait pu espérer que l'hydrothérapie comblerait cette lacune ; de ce côté encore le problème n'a pas reçu de solution satisfaisante. Toutefois ce ne sont pas les récits qui manquent ; mais leur exagération est si grande que je dois m'abstenir de les répéter ; ce n'est pas que je mette en doute la bonne foi des narrateurs, mais c'est parce que les appréciations qui nous sont transmises, me paraissent plutôt inspirées par un aveugle enthousiasme que fondées sur une saine observation.

« J'ai voulu, dit M. Vidart, me rendre compte de la quantité de transpiration que peut perdre un malade pendant une forte sudation ; j'ai pris pour sujet d'expérimentation un jeune homme âgé de 22 ans et qui fait l'objet de l'observation deuxième ; je l'ai pesé avec beaucoup de soin avant l'opération, je l'ai fait emmailloter ; au bout d'une heure et demie, il avait perdu deux kilogrammes de son

poids ; comme pendant le maillot il avait bu 200 grammes d'eau, la transpiration cutanée et pulmonaire avait
produit une déperdition de 2,200 grammes. Il est bon de
noter qu'il a fait pendant 15 semaines qu'a duré son
traitement, 160 maillots à peu près semblables et presque
constamment deux par jour, sans que sa constitution en
arût affaiblie. » (*Études pratiques sur l'hydrothérapie*,
p. 31.)

Dans son *Manuel sur l'hydrothérapie*, page 87, M. Lubanski parle aussi d'un de ses malades qui suait si
abondamment que le liquide coulait sur le plancher à travers une double couverture, le matelas et le sommier sur
lesquels il reposait. « Il perdait ainsi, en moins de trois
heures d'enveloppement, plus de *quatre livres* de son
poids, et revenait au bout de vingt-quatre heures à son
état normal. »

Je dois confesser que, depuis dix ans environ que je
pratique l'hydrothérapie, je n'ai rencontré rien qui approchât de pareils faits, et cependant j'ai vu très-fréquemment des malades dont la sueur traversait couvertures et
matelas, et s'épanchait sur le sol ; j'ai souvent pesé ces
mêmes malades, et, tout compte fait, la perte en poids
éprouvée par eux n'a jamais eu cette importance. Il est
regrettable que MM. Lubanski et Vidart aient négligé de
faire connaître avec plus d'exactitude comment ils ont procédé à ces pesées. J'éviterai de commettre le même
oubli.

L'instrument dont je me suis toujours servi est une balance à bascule. Il est vrai que cette espèce n'est pas d'une
exactitude rigoureuse, mais comme elle s'applique le
mieux aux besoins de la chose, et comme elle permet
d'agir avec toute la promptitude qu'exige l'intérêt du malade qui veut bien se prêter à l'expérience, je l'ai préférée
à toute autre. Cet instrument étant placé auprès du lit de
sudation, et un tabouret, dont la tare était faite à l'avance,
étant posé sur son plateau, le baigneur enveloppé de sa

couverture venait s'y asseoir, en ayant soin de poser ses pieds sur un des barreaux du siège, afin de n'avoir aucune communication avec le plateau de la balance ; autrement les mouvements de la respiration impriment au fléau des oscillations qui retardent l'opération. Le petit matelas de sudation était en outre placé sur les genoux du baigneur, et on procédait à la pesée. J'obtenais le poids réel du corps, en défalquant du poids total celui de la couverture et du matelas, qui m'était connu d'avance. Pendant l'enveloppement, on tenait un compte exact soit de la quantité d'eau ingérée, soit de celle des urines, rendues par le malade. Après la sudation, on procédait comme la première fois à une pesée générale, puis enfin on pesait séparément la couverture et le matelas imprégnés de sueur. L'augmentation de leur poids indiquait la quantité de sueur excrétée, et exprimait à peu près la perte en poids éprouvée par le corps du baigneur. C'est ainsi que je procédais habituellement ; cependant, quelques sujets ayant consenti à se laisser peser à nu, l'opération en était simplifiée de beaucoup, au moins pour ce qui est relatif à la perte en poids. Cette manière d'opérer avait à mes yeux le double avantage de me faire connaître la quantité de sueur excrétée et la diminution de poids du corps ; les deux opérations se contrôlaient réciproquement. Je cite un exemple. J... complètement nu, pèse avant de se mettre au maillot 64 kil. 200 grammes. Il est enveloppé ; la transpiration arrive au bout d'une heure et demie ; on le laisse suer pendant deux heures environ ; au moment où il est retiré la sueur coule à travers le lit et se répand sur le sol. Pesé de nouveau à nu, son corps a perdu en poids 700 grammes, il ne pèse plus que 63 kil. 500 grammes. La couverture qui l'enveloppait et le matelas sur lequel il reposait pesaient avant l'opération 7 kil. 100 grammes ; ils pèsent après l'enveloppement 7 kil. 950 grammes : différence en plus, 850 grammes, qui exprimeraient la totalité de la sueur, si une certaine quantité de liquide n'était restée adhérente à la peau, si le drap sur lequel reposait la tête de J... n'en était également imprégné, si le duvet, qui recouvrait son corps et la couverture n'était manifestement humide, enfin si une certaine quantité de sueur ne s'était épanchée sur le sol. En estimant à 300 grammes environ la quantité de sueur qui n'a pu être recueillie, on ne commettrait pas d'exagération ; en conséquence, ce chiffre, ajouté aux 850 grammes déjà connus, porterait à environ 1150 grammes le poids de l'évacuation entière, c'est-à-dire, à 450 grammes de plus que la perte en poids éprouvée par J...; mais il a bu pendant son maillot 650 grammes d'eau ; il faudrait donc que la somme de l'évacuation s'élevât à 1350 grammes pour qu'elle vînt balancer d'une part la diminution du poids et d'autre part la quantité de boisson. Si mes calculs sont justes, on devrait admettre que la différence, 200 grammes, exprime le résultat de l'exhalation pulmonaire pendant le temps de séjour au maillot ; mais j'aime mieux supposer que cette différence tient à un défaut d'exactitude ou à des difficultés inhérentes à ce genre d'expérience. En effet, d'après les calculs de Séguin, l'exhalation pulmonaire donnerait un produit de 23 grammes par heure, soit, 81 gr. 50 pour trois heures et demie. Comment admettre alors que l'activité de cette exhalation soit plus que doublée dans un moment où l'excrétion cutanée est accrue à un degré aussi considérable. L'état d'antagonisme qui existe entre la muqueuse pulmonaire et la peau n'autorise pas cette supposition ; et de même que nous voyons la sécrétion des reins diminuer ou augmenter selon que celle de la peau augmente ou diminue, et *vice versa*, de même l'exhalation pulmonaire doit être soumise aux mêmes lois de balancement. D'un autre côté, si on considère que, pendant que le baigneur est en sudation hydrothérapique, on lui donne à boire de temps en temps un demi verre d'eau froide, et que l'air extérieur a un libre accès dans l'appartement, on appréciera l'observation qui précède à sa juste valeur, et **on** comprendra que, dans cet état de choses, c'est l'absorption, plutôt que l'exhalation pulmonaire qui doit être suractivée. A l'appui de ceci j'ajouterai que le résultat général de mes pesées a démontré que la diminution de poids du corps du baigneur, déduction faite de la quantité de liquide bue, était toujours inférieure d'environ un tiers au poids de la transpiration perdue ; en conséquence, un malade, dont le poids aurait éprouvé une diminution de 2000 grammes, aurait dû rendre environ 2666 grammes de sueur, c'est-à-dire presque trois litres !... et il n'aurait bu que 200 grammes d'eau !

Je suis d'autant plus étonné de voir annoncer également par M. Lubanski un chiffre aussi élevé que, dans une précédente publication (*Études pratiques sur l'hydrothérapie,* p. 89), ce médecin avait mentionné le résultat des recherches du docteur Halmann sur ce sujet (v. *Gazette médicale de Berlin,* 1843, n° 38) : « Après avoir soumis à l'expérience pendant un mois de temps, dit M. Lubanski, un malade qui suivait le traitement par les sudations, et qui en faisait deux journellement ; après l'avoir pesé avant et après chaque sudation, déduction faite de l'eau que le malade buvait, et de la déperdition qui a dû se faire par l'exhalation pulmonaire, le docteur Halmann a trouvé qu'en prenant pour base le maximum de la moyenne de Lavoisier (32 grains à la minute), la sudation forcée faisait perdre au malade quatre fois plus que cela n'a lieu dans l'état ordinaire, et sept fois plus, si on prend pour terme de comparaison le minimum de la moyenne (18 grains). » Eh bien! comptons, en prenant le maximum : 4 fois 32 grains donnent 128 grains, ou 6 gr. 78 par minute, soit pour une heure 422 gr. 80, ou pour deux heures de sudation 845 gr. 60. Ce résultat offre de grands rapports avec ceux que j'ai obtenus, car l'exemple que je viens de citer est un des cas exceptionnels, tandis qu'il s'éloigne étrangement de ceux qui sont annoncés par mes confrères. 2200 grammes en moins pour une transpiration qui n'a duré qu'une heure et demie !!!... S'est-on représenté le degré d'activité fonctionnelle nécessité par un échange aussi prompt et aussi considérable des éléments organiques? Que serait-ce si cet échange prodigieux devait se renouveler 160 fois dans le court espace de 15 semaines (Vidart)! Tout au plus pourrait-on admettre qu'un certain jour et par exception, l'abondance des sueurs, provoquée par l'enveloppement hydrothérapique a été telle qu'elle a déterminé dans le poids d'un malade une différence en moins de plus de deux kilogrammes; mais qui pourrait croire que cette perte ait pu être répétée aussi fréquemment qu'on le dit, non seulement sans préjudice, mais même avec profit pour la santé? N'est-il pas évident que l'activité organique succomberait à un pareil labeur, et que l'épuisement succéderait bien vite à une médication aussi spoliatrice! L'assertion de MM. Lubanski et Vidart me paraît donc fondée sur une erreur de calcul, et je demeure convaincu, avec M. le docteur Halmann, que l'excrétion d'environ 800 grammes de liquide doit constituer une forte sudation.

Au reste, en dehors des différentes conditions de la peau plus ou moins favorables à la transpiration, la quantité de sueur excrétée durant une sudation paraît varier encore en raison d'influences assez diverses, comme l'état de l'atmosphère, le sommeil ou la veille, l'activité plus ou moins grande avec laquelle on pousse la sudation, etc. D'un autre côté, les éléments de la transpiration n'étant pas inépuisables, on voit celle-ci diminuer ou même s'arrêter complètement malgré les soins qu'on prend d'ailleurs pour la prolonger. Les baigneurs sentent très-bien ce moment de suspension, et comme les efforts que l'on fait pour entretenir l'excrétion, ne font que les fatiguer inutilement, ils ne manquent pas d'en prévenir les gens de service. Entre autres faits propres à donner une idée de la marche de la sueur, je citerai le suivant :

M. Pal.... a été enveloppé le 9 août 1851, à six heures du matin, après une course d'une demi-heure, par une température ambiante de + 15° R. La sueur est venue assez vite ; après une heure et demie d'enveloppement le malade était en nage, la couverture était imbibée de sueur, le matelas commençait à en être imprégné ; après deux heures le lit était traversé et la sueur tombait goutte à goutte sur le sol. Après deux heures et quart les gouttes se répétaient au nombre de vingt par minute ; après 2 heures 40', leur nombre était descendu à quinze par minute ; après 2 heures 45', il n'était plus que de douze. Le malade est sorti 2 heures 50' après avoir été enveloppé ; il avait bu régulièrement tous les quarts d'heure, un demi verre d'eau froide, et il n'avait pas uriné durant son maillot, qui d'ailleurs avait été entretenu comme d'habitude sans qu'aucune cause ne soit venue en troubler les effets. Cette diminution de la transpiration était donc spontanée. L'observation fréquente de faits semblables démontre donc qu'il y aurait au moins inutilité à prolonger la sudation au-delà de certaines limites, et le malaise qui succède à une transpiration trop considérable ou trop prolongée, indique qu'il ne faut pas attendre pour la faire cesser que la suspension de l'excrétion cutanée ait lieu.

§ VI.

Certains états pathologiques peuvent modifier la nature de la sueur, par soustraction de quelques-uns de ses principes, ou par addition de matières étrangères à sa composition habituelle. Les preuves de ce fait sont assez nombreuses. Si, dans les cas cités par Valescus de Tarenta et par Marcellus Donatus, les caractères du sang n'ont pas été décrits avec assez d'exactitude pour qu'on pense avec eux que les sueurs qu'ils ont observées fussent réellement des sueurs de sang, toujours est-il que, dans ces cas, la sueur avait pris une consistance et une teinte tout-à-fait extraordinaires. Au contraire, les observations rapportées par Ch. Schilling (1) et par Caizergues (2), établissent clairement la possibilité de la transsudation du sang par la peau.

En août 1831, Billard d'Angers publia, dans les *Archives Générales de Médecine*, une observation fort curieuse de sueur bleue, qu'il considéra comme une sorte d'efflorescence dépendant d'une altération de la sécrétion cutanée, et qui, selon lui, devait être distinguée, 1° de la cyanose bleuâtre ou violette qui accompagne la bouffissure de la face et des membres chez les anévrysmatiques; 2° des altérations du pigment de la peau, puisqu'en l'enlevant avec un linge ou avec de l'huile d'olives, on pouvait voir que la peau avait conservé sa couleur naturelle. Cette matière fut analysée par M. Cadot, pharmacien à Angers, qui, sans pouvoir dire quelle en était la nature, reconnut qu'elle n'avait pas les propriétés de la cyanourine. D'autres exemples de sueur bleue furent encore rapportés par l'observateur médical belge en 1834, et par les docteurs Bleyfuss et Heyfelder. (V. *Gazette médicale de Paris*, 1835, page 313 et 521.)

On a également cité des cas de sueur jaunâtre; on dit que celle des ictériques peut contenir les matières colorantes de la bile (L'héritier, l. cit., page 609). Anselmino dit avoir vu des sueurs albumineuses. Carmichaël Smyth observa que, dans la fièvre catarrhale de 1782, la sueur renfermait une grande quantité de sels animaux qui cristallisaient sur la peau. De même les sueurs critiques des

---

(1) De sudore sanguineo X. (Act. Acad. nat. cur., vol. VIII, p. 425.
(2) *Annales de la Société de méd. prat. de Montpellier*, T. 35, p. 239.

goutteux déposent quelquefois sur la peau des urates et des phosphates affectant la forme d'une poudre légère et brillante (L'héritier). J'ai vu un exemple de ce dépôt de poudre blanche et brillante, mais sans pouvoir en indiquer la composition, sur la peau des mains de notre confrère Petit, de Rive-de-Gier.

Enfin les odeurs plus ou moins étranges, que la sueur exhale dans quelques cas, ont été attribuées par les observateurs à la présence accidentelle de corps qui n'entrent pas habituellement dans sa composition, et qui pouvaient provenir soit des remèdes administrés aux malades, soit de la déviation de certains produits organiques. C'est ainsi qu'un auteur, dont le nom m'échappe, dit avoir observé une sueur spermatique.

L'extrait d'une sueur recueillie par M. Scoutetten avait l'odeur de l'urine ; on y découvrit de l'urée, mais la présence de ce corps, dans la sueur, fut attribuée par M. Scoutetten, et nonobstant les dénégations du malade, à un mélange accidentel d'urine. En prenant plus tard plus de précautions pour éviter cet accident, M. Scoutetten ne retrouva plus d'urée dans la sueur qu'il recueillit chez le même sujet. Dans une circonstance semblable, où une certaine quantité de sueur, que j'avais remise à M. Ferrand pour qu'il en fit l'analyse, présenta des traces d'urée, j'acquis la preuve qu'un pareil mélange avait eu lieu. La présence de l'urée dans les sueurs, analysées par M. Favre, pourrait bien être également due à la même cause, qu'il est souvent fort difficile d'empêcher. On a retrouvé dans la sueur les principes odorants du musc, de la valériane, de la térébentine, etc. A l'hôpital Saint-Louis, M. Biett a vu l'élimination du mercure se faire par la peau chez des doreurs affectés de tremblements mercuriels, et qui étaient soumis à l'usage des bains de vapeur. M. Schedel raconte que Priessnitz lui a affirmé qu'il avait observé un phénomène semblable. Kramer et M. Bonnet de Lyon ont démontré que l'iode était éliminé par la peau ; M. Chatin a fait la même démonstration pour l'arsenic.

Des faits de la nature de ceux que je viens de citer, ne présentent rien de contestable ; ils puisent suffisamment leur raison d'être dans la loi de solidarité qui lie entre eux les différents systèmes de l'économie animale. L'exhalation cutanée étant un acte essentiellement éliminateur, et les sympathies de la peau avec beaucoup d'autres organes étant très intimes, quoi de surprenant que, dans un moment donné et pour maintenir l'équilibre fonctionnel, la surface cutanée rejète de l'économie des principes qui lui sont étrangers, ou qui accidentellement ne peuvent pas être expulsés par leur couloir habituel.

S'appuyant sur cette observation, et dominés sans doute par une foi trop aveugle, quelques auteurs ont prétendu que, sous l'influence du traitement hydrothérapique, l'élimination de certaines substances médicamenteuses pouvait être opérée non seulement plusieurs années après l'ingestion de celles-ci, mais encore après plusieurs mois de sudations forcées. M. Schedel a combattu avec raison cette assertion, qui repose d'ailleurs sur une idée, qui est loin d'être confirmée. Il faudrait, en effet, préjudiciellement démontrer que l'économie peut tolérer pendant un temps indéfini la présence des corps étrangers ; or, les expériences récentes de M. Orfila, neveu, ont fait à peu près justice de l'opinion que l'on s'était faite à propos de la permanence du séjour des poisons comme des médicaments dans le corps de l'homme, (*De l'élimination des poisons*, thèse 1852.) Ce jeune et savant confrère a démontré que le temps nécessaire à l'élimination varie pour chaque corps, et que ce temps est très court pour certaines substances ; par exemple, l'arsenic est éliminé au bout de quinze jours, le mercure au bout d'un mois ; l'émétique, de quatre mois, l'argent en moins de huit mois, le plomb et le cuivre seulement après huit mois. Dans les nombreuses recherches qu'il a faites à ce sujet, M. Bonnet a acquis la preuve que l'élimination de l'iode, injecté dans une cavité close, commençait une demi-heure après l'injection et qu'elle était terminée au bout de neuf jours. Il résulte de là que l'élimination des corps étrangers se fait naturellement dans un espace de temps assez court et déterminé pour chacun d'eux ; et que, ce laps de temps écoulé, ce serait envain qu'on s'appliquerait à provoquer une élimination impossible et qui n'aurait plus d'ailleurs aucune raison d'être.

On a dit encore que le traitement hydrothérapique avait pour effets, au bout d'un certain temps, de rendre les sueurs plus épaisses, plus visqueuses, plus onctueuses au toucher ; de les colorer en jaune, en brun, en rose, etc., et de leur faire prendre une odeur plus ou moins désagréable ; on a vu dans ces divers caractères les manifestations de quelques phénomènes critiques. J'ai bien souvent fait des observations semblables, mais l'analyse chimique n'ayant été exercée que sur des quantités minimes, et n'ayant donné aucun résultat satisfaisant, je ne me crois pas suffisamment éclairé sur la nature de leur cause pour me permettre de porter un jugement à cet égard. Ce que je puis affirmer c'est que le traitement hydrothérapique a constamment eu pour résultat de ramener la sueur à son état normal, suivant moi, c'est-à-dire de lui rendre les degrés d'acidité et de consistance qu'elle semblait avoir perdus sous l'influence de la maladie, et de faire que son excrétion fut plus régulière.

En effet, les divers états pathologiques m'ont paru modifier ce degré d'acidité de la sueur et le rendre tantôt plus faible, tantôt plus fort. Mais aucun, que je sache, ne la fait passer à l'état alcalin. Je peux donc confirmer ce que disait à cet égard **M.** Andral ; « aucune maladie ne la rend alcaline (*loco cit.*). »

En général, les sueurs m'ont paru d'autant moins acides que la maladie affectait les organes spécialement destinés à la nutrition, et qu'elle appartenait à la classe des maladies nerveuses. Ainsi le docteur R.... dont la sueur a conservé l'état neutre, presque pendant tout le temps de son séjour à l'établissement, était atteint d'une gastroentéralgie qui avait déterminé un amaigrissement considérable. J'ai encore trouvé la sueur neutre au début de la transpiration chez un malade atteint d'albuminurie. Après deux mois de traitement, ses sueurs redevinrent acides, mais la matière oléo-albumineuse, qui constitue le smegma ne cessa pas de faire défaut. Était-ce une déviation de l'albumine qui fait ordinairement partie de l'exhalation cutanée? Cela serait d'autant plus probable que ce malade, comme tous ceux qui sont atteints de la maladie de Bright, avait habituellement la peau très-aride.

Les hypochondriaques m'ont présenté souvent des sueurs très-peu acides.

Les rhumatisants sont de tous les malades ceux qui, toutes choses égales d'ailleurs, donnent les sueurs les plus acides. Ce que j'ai observé sous ce rapport chez les goutteux tendrait à confirmer les observations du docteur Turck, à savoir que dans la goutte chronique les sueurs ont perdu une grande partie de leur acidité normale ; tandis qu'elles deviennent au contraire très-acides dans le cours des accidents aigus de cette maladie. Chez deux goutteux, qui n'ont obtenu aucun effet du traitement hydrothérapique, les sueurs sont restées neutres jusqu'à la fin.

Dans quelques inflammations spéciales de la peau, par exemple dans l'acné rosacea, j'ai trouvé la sueur fortement acide sur les parties malades pendant toute la durée de la sudation, tandis que sur les points qui n'étaient pas enflammés, l'acidité s'affaiblissait à raison de l'abondance croissante de la sueur.

Pour compléter ce que j'ai à dire sur les influences diverses qui sont susceptibles de modifier la nature de la sueur, je citerai le fait suivant que je dois à l'obligeance de M. Ferrand, de Lyon, qui a fait de nombreuses recherches sur la transpiration cutanée. Il a remarqué qu'après une abstinence de plusieurs jours la sueur prend une odeur très-prononcée d'acide butyrique, à peu près semblable à celle qu'exhale l'estomac des animaux que l'on a fait mourir par inanition.

En considération des résultats obtenus par les recherches qui précèdent, je crois être autorisé à établir les propositions suivantes :

Le Smegma, c'est-à-dire, cette matière oléo-albumineuse qui enduit la peau de l'homme, n'est excrété en certaine quantité qu'au début de la sueur, quand la peau paraît onctueuse au toucher, et quand on ne voit encore à sa surface que de petits points brillants qui en occupent les enfoncements : quand, au contraire, la sueur est ramassée en gouttelettes à la surface de la peau, l'excrétion de la matière oléo-albumineuse a déjà cessé de se faire.

L'acide ou les acides libres de la sueur, généralement très sensibles dans les premiers temps de la transpiration, cessent peu à peu de l'être, et il arrive même un moment où, la sueur étant devenue très-abondante, ou ayant été très-prolongée, le liquide examiné est tout-à-fait neutre.

Les matières salines existent encore dans la sueur quand les produits susnommés y font défaut ; néanmoins la présence des sels ne compense pas, au point de vue de la densité, la différence qui résulte pour la sueur de l'absence du smegma et des acides : en effet, à la fin de la sudation, le liquide excrété est très diffluent et ne présente sous ce rapport que les caractères de l'eau ordinaire.

Au moment de sa production, et examinée soit à l'état pathologique, soit à l'état physiologique, la sueur est plus ou moins acide et n'est jamais alcaline ; si quelques auteurs y ont constaté par hasard une réaction alcaline, celle-ci doit être attribuée à une altération du produit de l'exhalation cutanée par une cause étrangère, par exemple, par la malpropreté.

La matière sébacée, examinée dans les mêmes conditions, donne aussi constamment une réaction acide ; cette matière au reste paraît n'être autre chose que du smegma concréfié.

La privation du contact de l'air efface, même dans la sueur naissante, toute réaction acide. Il faut en conclure que dès-lors l'exhalation des matières acides cesse d'être possible, ou que l'acidification de quelques-uns de ses produits, par exemple du phosphate de chaux, ne peut plus avoir lieu. En tout cas ce fait pourrait donner l'explication des succès obtenus par l'application d'enduits imperméables sur des surfaces enflammées.

Une forte sudation donne en moyenne 800 grammes de sueur environ, défalcation faite de la quantité de boisson et d'urine excrétée.

Dans la sudation hydrothérapique la somme de l'excrétion cutanée dépasse d'environ 1/3 la perte en poids éprouvée par le corps du baigneur ; cette différence tient aux effets de l'absorption pulmonaire et constitue un des motifs de la préférence qui doit être donnée à ce procédé sur les autres, sur les bains d'étuve par exemple.

La somme de l'exhalation cutanée a probablement des limites déterminées pour chaque sujet, car on la voit s'arrêter spontanément au bout d'un certain temps, et résister à l'action des moyens destinés à l'exciter.

La nature de la sueur peut être modifiée par les différents états pathologiques soit par la soustraction de quelques-uns de ses principes constituants, soit par l'addition de matières étrangères à sa composition habituelle. Toutefois ce point exige de nouveaux éclaircissements.

FIN.

www.ingramcontent.com/pod-product-compliance
Lightning Source LLC
Chambersburg PA
CBHW061342050726
47595CB00005B/2032